Lili a Nedw

Y Tortsh

Mae'r llyfr hwn yn eiddo i

____

____

____

‘Mae’r *Tortsh* yn amlygu’r berthynas arbennig sydd rhwng plant ag awtistiaeth a’u cŵn cymorth. Fel llysgennad Dogs for Autism, dwi wrth fy modd yn gweld ci sy’n cynorthwyo plentyn ag awtistiaeth yn cael ei gydnabod mewn stori i blant. Fel dynes ag awtistiaeth, a mam i blant ag awtistiaeth, mae’r *Tortsh* wedi dod â nifer o atgofion hapus yn ôl am ein ci cymorth Hunter, ac am y teithiau cerdded hyfryd a gefais yn blentyn gyda Nain a Taid a’u ci Daisy. Am stori dwymgalon.’
Dr Carly Jones MBE FRSA h(DS)c.

‘Stori hyfryd arall gan Jon Roberts. Mae’r *Tortsh* yn daith i’r synhwyrau sy’n codi’n hymwybyddiaeth o awtistiaeth, ac yn dangos pa mor arbennig yw pob ci cymorth. Bendigedig.’
Nikki Saunders, awdur arobryn.

Lili a Nedw: Y Tortsh.
Cyhoeddwyd yn 2023 gan Graffeg Cyf.

Ysgrifennwyd gan Jon Roberts © 2023.
Darluniau gan Hannah Rounding © 2023.
Addasiad gan Anwen Pierce

Dylunio a chynhyrchu © Graffeg Cyf., 2023.

Graffeg Cyf., 24 Canolfan Fusnes Parc y Strade, Ffordd Mwrwg, Llangennech, SA14 8YP, Cymru, DU. Ffôn 01554 824000
www.graffeg.com

Mae Jon Roberts drwy hyn yn cael ei gydnabod fel awdur y gwaith hwn, yn unol ag adran 77 o Ddeddf Hawlfreintiau, Dyluniadau a Phatentau 1988.

Mae cofnod catalog CIP ar gyfer y llyfr hwn ar gael o’r Llyfrgell Brydeinig.

Mae’r cyhoeddwr yn cydnabod cefnogaeth ariannol Cyngor Llyfrau Cymru.
www.gwales.com.

ISBN 9781802585391

1 2 3 4 5 6 7 8 9

MIX
Paper from responsible sources
FSC® C014138

Lili a Nedw

Y Tortsh

Jon Roberts

Lluniau gan Hannah Rounding

GRAFFEG bach

Rhoddodd Lili ochenaid fawr ac edrychodd draw at Nedw a oedd yn cysgu'n drwm ar hen gadair. Roedd hi'n wyliau'r ysgol ac roedd hi a Nedw yn aros gyda Nain yn ei thŷ ar lan y môr.

Ci cymorth Lili yw Nedw. Mae Lili angen ei help am fod awtistiaeth ganddi. Mae hi’n gweld y byd mewn ffordd wahanol i bobl eraill ac weithiau mae’n anodd iddi gyfathrebu. Gwaith Nedw yw cefnogi Lili a’i chadw’n ddiogel.

Ond nawr roedd Nedw'n cysgu ac roedd Lili wedi diflasu. Roedd hi angen rhywbeth i'w wneud. Dywedodd Nain straeon wrthi am fwystfilod yn byw mewn ogof fawr ar y traeth. Roedd Lili am fynd i archwilio ond roedd Nain yn cysgu ac roedd hi'n bwrw glaw tu allan.

Yn lle mynd allan, penderfynodd Lili fynd i archwilio'r tŷ. Aeth allan o'r stafell ar flaenau ei thraed yn dawel bach. Byddai gan Nain bob tro bethau diddorol o gwmpas y tŷ. Pwy a ŵyr beth fyddai Lili'n darganfod ...

Yn gyntaf, edrychodd Lili o dan wely Nain a thu ôl i'w llenni hir, blodeuog. Dim byd.

Nesaf, edrychodd yng nghypyrddau'r gegin. Agorodd un drôr ar ôl y llall, ond y cyfan a welai oedd llestri a hen ddarnau o bapur.

BREA

Yna, yng nghefn un hen ddrôr, gwelodd Lili rywbeth diddorol. Lledodd ei llygaid â chyffro wrth iddi basio'r tortsh coch o un llaw i'r llall.

"*CLIC!*" Gwasgodd Lili'r botwm ar y tortsh.

Tywynnodd golau llachar ar wal y gegin, gan oleuo miloedd o ddarnau o lwch, a'r rheiny'n edrych fel tylwyth teg yn dawnsio ar belydrau'r haul.

CLIC! Diffoddodd y golau.

CLIC, CLIC, CLIC, CLIC. Gwasgodd Lili'r botwm drosodd a throsodd a gwylio'r golau'n mynd a dod. Hoffai Lili sŵn y clicio.

Gan edrych allan drwy'r ffenest, gwelodd Lili ei bod wedi stopio glawio. Wrth iddi syllu ar y byd tu allan, gan ysu am fynd o'r tŷ, deffrodd Nain.

"Croeso i ti fynd," meddai. "Os wyt ti am fynd, mi af i hôl fy nghôt a dod allan hefyd. Ond ddim yn rhy agos, cofia. Mae merch angen rhyddid i ddarganfod pethau drosti hi ei hun."

Gwenodd Lili. Yna gwisgodd ei chôt yn gyflym a rhedodd i'r ardd.

Gyda Nedw wrth ei hochr, rhedodd Lili heibio'r hen goeden afalau a lawr at y pwll. Gan syrthio ar ei gliniau, tywynnodd y tortsh i mewn i'r dŵr tywyll, budr.

Daeth ambell swigen allan o'r dŵr gan wneud sŵn – "plop, plop."

Daeth dau lygad bach at wyneb y dŵr, yna dau arall, a dau arall.

"Brogaod," sibrydodd Lilli i'w llaw, wedi ei chyffroi'n lân. "Helô, brogaod!"

Rhuthrodd ton o deimladau drwy gorff Lili. Roedd hi wedi cyffroi cymaint, fe neidiodd i fyny ac i lawr a chwifio ei dwylo yn yr awyr yn llawen.

Edrychodd Lili i lawr ar y pwll, ond roedd y brogaod wedi mynd.

“Hwyl fawr, brogaod,” meddai Lili gan chwifio ei dwylo.

Gan neidio dros wal yr ardd a thrwy'r twyni tywod, rasiodd Lili at y traeth gyda Nedw'n ei dilyn yn agos. Brwsiodd Lili ei llaw dros y gwair hir, pigog wrth iddi redeg, gan fwynhau teimlo pob un darn o wair.

Ar ôl rhai munudau, stopiodd Lili er mwyn cael ei gwynt ati. Yn llawn chwilfrydedd, tywynnodd hi olau'r tortsh i ganol y patsyn mwyaf o wair gwlyb a thywyll y gallai hi ei weld.

Teimlai fel anturiwr dewr yn mentro i ganol jwngl oedd heb ei ddarganfod. Doedd Nedw ddim mor siŵr felly cadwodd wrth ochr Lili er mwyn gofalu ei bod hi'n ddiogel.

Yn sydyn, symudodd rhywbeth y tu ôl iddyn nhw. Trodd Lili'n gyflym, gan dywynnu golau'r tortsh tuag at y creadur rhyfedd. Roedd buwch goch gota yn mynd ar ei thaith drwy'r jwngl. Gan blygu, cyfrodd Lili ei smotiau.

"1, 2, 3, 4, 5."

Yn ei chyffro, neidiodd Lili i fyny ac i lawr gan gyfrif eto ac eto.
"1, 2, 3, 4, 5."

“1, 2, 3, 4, 5,” meddai eto wrth iddi gamu drwy’r gwair tuag at y tywod aur.

Gyda’r tortsh yn ei llaw, rhedodd Lili a Nedw bob cam ar hyd y traeth, gan edrych am bethau newydd yn y pyllau dŵr wrth basio.

Wrth i Lili a Nedw ddawnsio gyda'i gilydd ar y tywod, gwelodd y ddau rywbeth mawr yn y pellter, yn sefyll yn uchel uwchben y tywod.

Dyma'r ogof yr oedd Nain wedi bod yn sôn amdani. Roedd straeon Nain am fwystfilod yn byw yn yr ogof arfer gwneud i Lili deimlo'n nerfus. Roedd ogofâu mor fawr a brawychus! Ond nawr fe deimlai Lili'n ddewr – fel marchog wrth borth y castell, gyda Nedw ffyddlon wrth ei hochr.

Roedd cymaint o awydd ar Lili i fynd i archwilio'r ogof fel na sylwodd fod plant wedi dod draw i fwytho Nedw.

Gwyddai Lili nad oedd pobl i fod i fwytho Nedw – roedd angen iddo fedru rhoi ei holl sylw ar fod yn gi cymorth, ond doedd hi ddim am wneud ffys. Roedd hi'n ysu am gael mynd i archwilio'r ogof. Felly, bant â hi, gan adael Nedw ar y traeth.

Mentrodd Lili'n ofalus drwy geg yr ogof, gan wylio ei chysgod yn diflannu i'r tywyllwch o'i chwmpas. Roedd yn oer yno, a'r unig sŵn oedd sŵn dŵr yn diferu.

CLIC!

Wrth i Lili dywynnu golau'r tortsh, bownsiodd y "clic" oddi ar y waliau ac atseinio o amgylch to'r ogof. Gwnaeth y sŵn uchel iddi ollwng y tortsh a rhoi ei dwylo dros ei chlustiau sensitif.

Roedd clywed y tortsh yn taro llawr yr ogof – THYD – yn gwneud y sŵn yn waeth, a chyrliodd Lili'n belen er mwyn ceisio cuddio rhag y sŵn. Gwasgodd ei llygaid yn dynn, gan aros i'r sŵn fynd.

Yn y diwedd, aeth y sŵn. Agorodd Lili ei llygaid ac edrych o'i chwmpas. Yna cododd ar ei thraed a sefyll yn syth. Gan deimlo'n ddewr eto, aeth yn ofalus dros y cerrig mân, yn bellach i'r tywyllwch.

Yr eiliad nesaf, clywodd Lili sŵn chwyrnu cas.

“Bwystfil!” sgrechiodd, gan neidio tu ôl i graig.

Roedd hi eisiau cuddio, ond gwyddai y byddai diffodd y tortsh yn gwneud sŵn “clic” annifyr eto.

Doedd hi ddim yn hoffi’r sŵn uchel yna o gwbl!

Rhoddodd Lili ei llaw dros y golau er mwyn ei guddio. Symudodd cysgod y bwystfil ar hyd wal y graig, gan ddod yn nes ac yn nes.

Syllodd Lili ar y cysgod. Beth oedd yno? Llew? Arth?

“Plis paid â ’mwyta i, plis paid â ’mwyta i,” sibrydodd.

Yna newidiodd y cysgod ei siâp.
Gwichiodd Lili.

"Eryr enfawr sydd yno! Mae'n mynd i fy nghario i'w nyth!"

Gwasgodd Lili ei llygaid yn dynn, gan obeithio byddai'r bwystfil yn mynd oddi yno. A dyna pryd gwnaeth hi ei deimlo – trwyn gwlyb, cyfarwydd ar ei llaw.

Agorodd Lili ei llygaid a chwerthin. Nid bwystfil oedd yno wedi'r cyfan. Nedw oedd yno. Roedd wedi ei dilyn i mewn i'r ogof er mwyn gwneud yn siŵr ei bod hi'n ddiogel.